O DIÁRIO SECRETO

O DIÁRIO SECRETO

GUSTA STOCKLER

1ª edição
Rio de Janeiro-RJ / Campinas-SP, 2016

VERUS
EDITORA

VERUS EDITORA LTDA.
Rua Benedicto Aristides Ribeiro, 41, Jd. Santa Genebra II, Campinas/SP, 13084-753
Fone/Fax: (19) 3249-0001
www.veruseditora.com.br

ISBN: 978-85-7686-544-5

Editora executiva Raïssa Castro
Edição Thiago Mlaker
Coordenação editorial Ana Paula Gomes
Preparação Anna Carolina G. de Souza, Ana Paula Gomes e Lígia Alves
Revisão Raquel Tersi
Direção de arte e projeto gráfico Diego Fernandes
Fotos Arquivo pessoal (miolo), Rick Petelin (capa)
Ilustrações Vinicius Gut
Arte-Finalização André S. Tavares da Silva
Impressão e acabamento Intergraf

CIP-BRASIL. CATALOGAÇÃO NA FONTE
SINDICATO NACIONAL DOS EDITORES DE LIVROS, RJ

S879d

Stockler, Gustavo, 1988-
O diário secreto / Gustavo Stockler ; ilustração Vinicius Gut. - 1. ed. - Campinas, SP : Verus, 2016.
il. ; 21 cm.

ISBN 978-85-7686-544-5

1. Técnicas de autoajuda. I. Gut, Vinicius. II. Título.

16-34788 CDD: 158.1
CDU: 159.947

Dedico este livro ao cara
que logo no começo da minha carreira
me chamou de ridículo, me mandando
desistir pra não perder tanto tempo
da minha vida. E a todos vocês, que
sempre me apoiaram nas
escolhas mais loucas!

Sumário

Prefácio

A internet é como uma folha em branco: aceita tudo. E essa é uma grande vantagem de uma geração que foi munida de uma ferramenta poderosíssima de livre expressão, um laboratório prático para criação e disseminação de cultura (e negócios) jamais visto na história. Mas, se a internet aceita tudo e está disponível para todos, significa que a concorrência é brutal. E, na esfera da criação de conteúdo, a punição por irrelevância é ser ignorado pelo público. Infelizmente, muitos confundem esse sintoma com um diagnóstico terminal de seu talento e desistem rápido demais. Outros ficam um tempo excessivo focados em uma direção pouco efetiva. Como eu disse, a internet é uma oficina, e quem sabe experimentar a usa com eficácia.

Determinar uma estratégia única de êxito na rede é uma armadilha. As estruturas tecnológicas e os ecossistemas sociais são tão dinâmicos que, se fossem um cenário geológico, sofreriam terremotos constantes, a ponto de uma "estrada de sucesso" hoje pavimentada em linha reta se mostrar sinuosa amanhã, ou se romper totalmente com o passar do tempo, impossível de ser usada por outrem da mesma forma. Nenhuma história de sucesso na internet será igual a outra.

E a história do Gusta foi diferente de todas que eu já havia testemunhado. Ele chegou pronto. Diferentemente de todos os produtores de conteúdo que conheci, ele impactou como um cometa desde o início! Segundo ele próprio, após um grande esforço de estudos e testes anônimos, offline. Havia muitos experimentos do que não fazer na internet, e foi sábio observá-los com atenção. Seu primeiro vídeo no canal NomeGusta já demonstrou o talento de alguém que realmente entendia a linguagem da internet, e com a qualidade audiovisual de uma pessoa que deveria estar no ramo há anos. E já estava mesmo, só que escondido, planejando, espreitando o spotlight.

Se esse cara já está assim no primeiro vídeo, imagina daqui a dois anos!, foi o que pensamos. E imediatamente o convidamos a fazer parte da

Amazing Pixel, network do YouTube fundada por mim, Deive Pazos e Guga Mafra.

O crescimento do canal NomeGusta demonstrou o trabalho de alguém extremamente focado, que sabia que posição queria ocupar no YouTube e entendia como fazê-lo de uma forma autoral. E, como todo bom criador de vídeos, foi roteirista, diretor, iluminador, técnico de áudio, ator e editor de seus conteúdos. Não sozinho, claro, mas de fato um canivete suíço de talentos. Ao longo dos anos, comprovou com mérito nossa tese de crescimento e explodiu como um dos maiores creators da internet brasileira, mas não sem um esforço de trabalho monumental, noites em claro, suor, sangue e lágrimas.

Realmente é uma estrada única, que se constrói enquanto se viaja por ela, sem entender ao certo onde vai dar, mas sabendo exatamente onde se quer estar.

Alexandre Ottoni

Cofundador do site Jovem Nerd - Julho de 2016

"O maior inimigo da criatividade é o bom senso..."

Pablo Picasso

Introdução

Algo secreto nem sempre é de fato secreto. Às vezes, pode ser algo escondido ou esquecido, tão distante do nosso pensamento que o deixamos vagando livre e desprendido, criando um universo tão profundo que costumo chamar de “Nem Tão Distante” (como no *Shrek*, mas nesse caso não é nem conto de fadas e nem “Tão Distante” quanto você pensa). Como o próprio nome diz esse é o grande paradoxo do sucesso e da felicidade de cada um, e é perfeitamente habitável, mas somente os mais obstinados conseguem chegar lá.

Podemos fazer um pacto aqui: tudo o que você ler neste livro será aplicado na sua vida, independentemente de quem e como você é. Não tenho a intenção de te ensinar grandes coisas, até porque os maiores aprendizados da vida acontecem sozinhos, o que os outros nos mostram são vivências e experiências pessoais, e cabe a você filtrar algo disso.

Embora alguns peguem este livro munidos do bom e velho preconceito, já preparados para atacar de alguma forma, é bom lembrar: O sábio tira aprendizado até mesmo de uma pedra; o ignorante usa a pedra para atacar os que o intimidam. #FicaADica.

Posso garantir que "com grandes poderes vêm grandes responsabilidades", e digo também que queria ser o Tio Ben e ser o autor dessa frase. Na verdade, eu queria ser o Homem-Aranha, mas isso você vai entender depois. Apenas mais um lembrete muito importante para o resto da sua jornada até "Nem Tão Distante": Mantenha o pé no chão! Voar pode ser perigoso para quem não tem o controle, e o vento nem sempre está a seu favor.

Vamos lá!

1 Crie próprio

seu
mundo

Lembro como se fosse ontem: um menino com os pés encardidos de tanto correr descalço no chão gelado de casa, brincando com soldados verdes de plástico, construindo fortalezas de batalha empilhando caixas de gelatina e tendo esse como o melhor momento do mundo. A partir daquilo, o mundo deixou de ser mundo. O universo particular em que o menino entrava era completamente tangível para ele, e quem o via de fora não entendia o que havia de tão interessante em soldados verdes estáticos e caixas de gelatina (algumas já trituradas devido às altas tretas).

Esse menino era eu.

A pureza infantil é o que torna a vida não só mais fácil, mas algo a ser mantido e desenvolvido, jamais esquecido!

A criança vê a vida de forma única, não encara um problema, não liga pra nada além da sua felicidade e divertimento. As crianças são egocêntricas de uma maneira inocente e valiosa, que não atinge ninguém, seu mundo e seus divertimentos são suas únicas opções. Na verdade, às vezes atinge um ou outro adulto. Sabemos que as crianças falam o que não deviam, e isso nos faz sentir a velha e boa vergonha.

E em que momento nós perdemos isso? E por quê? Crescer não é obrigatoriamente deixar de ser criança, é evoluir e manter o melhor de cada fase sem perder a essência.

Lembro-me da primeira epifania da minha vida, aos cinco anos. Eu estava na casa da minha avó paterna, e meu pai chegou cansado do trabalho com uma “maleta” de brinquedo azul, com duas tampas verdes cheias de pontinhas arredondadas. Dentro dela, dezenas de peças coloridas de encaixar e alguns bonequinhos quadrados com cabeça de botijão de gás — na minha cabeça, era essa a definição de Lego.

Meu mundo de possibilidades tinha evoluído de fase,

e ali pude ver que poderia criar, construir, contar histórias de forma mais lúcida e consciente do que anos antes, com os soldados verdes. A noção de criação, logística e criatividade tinha vindo à tona, e eu consegui mesclar meu universo particular com a vida real — tirando apenas o fato de em determinado momento eu tentar comer uma peça de Lego e me dar conta de que não era tão gostosa e comível assim. Mas eu tinha apenas cinco anos, mereço um desconto. Eu sei, na caixa dizia que não era recomendado para a minha idade, mas eu não sabia ler, ora! Então essa informação não me valia de nada. Já meu pai foi corajoso e destemido em me presentear, ele só não imaginaria que o filho seria idiota a ponto de confundir Lego com comida. No final ficou tudo bem, nada que uns chacoalhões de cabeça pra baixo, pendurado pela perna, não tirassem da minha garganta a peça entalada, que mais tarde se tornaria o telhado da minha incrível casa colorida, cheia de baba.

"Toda criança é artista. O desafio é permanecer artista depois de crescer."

Pablo Picasso

2
Ali suas

mente
ideias

Algum fenômeno muito estranho acontece com crianças: peças pequenas são atraídas por buracos do corpo. Eu me lembro de uma situação e até hoje me pergunto o porquê. O que passava pela minha gigantesca cabeça naquele momento. Eu, um menino pós-graduado em idiotices, em um instante raro de serenidade, sentado sozinho na mesa de jantar da casa da avó, comendo pipoca doce — daquelas cheias de açúcar num saco vermelho —, decidi pegar uma pipoca e introduzir lentamente em uma das minhas narinas.

Sim!

A curiosidade quando se é criança é colossal. Tudo é novo, tudo é motivo de teste. Comíamos coisas que não podíamos comer, quebrávamos coisas que não podíamos quebrar, dizíamos coisas que não podíamos dizer. Tudo isso pelo simples fato de que crianças precisam fazer isso, precisam construir o discernimento, que às vezes vem junto com umas horas de castigos, mas ajuda a refletir.

Voltando à pipoca no nariz, não sei explicar por que fiz isso, mas a movimentação da família pra tentar tirar aquele gigantesco pedaço de pipoca dali hoje me traz boas risadas. Talvez este tenha sido o grande motivo de eu ter feito aquilo: "O Gustavo do futuro vai se divertir lembrando disso". Vamos ficar com essa teoria, é a mais plausível e me conforta.

Lembranças são a construção da sua história. O que você é hoje é graças ao seu passado, independentemente de ter sido bom ou ruim. Tudo o que você viveu foi necessário e sempre será assim, um eterno aprendizado. E, no decorrer deste livro, vou mostrar pra você como todos os seus passos, por piores ou melhores que sejam, vão ser importantes!

Por isso, como parte de sua jornada, relate uma lembrança vívida da sua infância, com a qual hoje você dá muitas risadas, mesmo que naquele momento a situação tenha sido vergonhosa (como minha deliciosa pipoca nasal).

Lembrança vergonhosa da infância

"Crescer é aceitar
que os defeitos são
peças indispensáveis
no guarda-roupa e,
felizmente, nunca saem
de moda."

Clarissa Corrêa

3

Descu

bra-se

A fase da descoberta é encantadora. Todo novo aprendizado é mágico e te abre infinitas possibilidades.

Desde cedo eu gostava de desenhar. Como toda criança, olhava meus bonecos de palito como Mona Lisas, e minhas humildes casinhas e árvores como jardins de Monet. A descoberta e a evolução de alguma atividade na infância te direcionam ao futuro. Suas habilidades mais bem desenvolvidas vão te guiar pra carreira profissional e pessoal com a qual você sempre sonhou.

Desde muito cedo, minha estima maior foi para as artes e a criação.

Aos onze anos, eu já desenhava muito bem, e me lembro de uma aula de artes no colégio, na qual todos devíamos fazer, como lição de casa, um autorretrato com base em uma foto de nossa escolha. Passei o fim de semana inteiro desenhando. Na foto escolhida, eu estava em uma lancha, usando sunga e um colete salva-vidas, numa pose que posso chamar de "sexy demais para ser compartilhada neste livro".

No dia de entrega do trabalho, eu estava feliz com o resultado. Tinha trabalhado luz e sombra, esfumaçado áreas, feito coisas para as quais eu não tinha embasamento teórico nenhum, só o feeling. Como de praxe, todos os alunos viram os desenhos uns dos outros e comentaram. Eu me lembro de ter sido muito elogiado pelos amigos, e essa lembrança é ainda muito clara em minha mente, pois foi uma sensação de "sou bom nisso, cara!".

Reconhecer seus próprios talentos é de suma importância para o desenvolvimento pessoal. Ter a alma cheia de orgulho de si mesmo te faz sentir mais vivo e ter sede de querer mais, melhorar, evoluir, aprender. Ter o reconhecimento de terceiros é gratificante, alimenta o ego, transforma essas pequenas coisas em coisas extraordinárias.

Mas não se esqueça de dosar a quantidade de alimento que você dá para o seu ego.

Mantenha-o sempre preso na coleira, ok?

Se ele se alimentar demais, pode fugir do controle e destruir você!

Voltando à aula de artes, deixamos os desenhos sobre a mesa quando a professora chegou à sala. Ela então foi seguindo a lista de chamada, e cada aluno foi para entregar seu trabalho.

Quando chegou a minha vez, segui orgulhoso e cheio de confiança em direção a ela. O caminho da minha mesa até a mesa da professora foi como se eu estivesse indo receber um Oscar. Estava ali já consagrado pelo público, todos me conheciam e sabiam que eu tinha a chance de ser o vencedor elogiado pela Academia (que, no caso, era só a professora mesmo). Então entreguei o desenho, e ela olhou para ele, apertando os olhos. Em seguida olhou para mim e perguntou: "Quem fez este desenho?" Olhei pra ela de cabeça erguida e cheio de orgulho e disse: "Eu, fessora!" Com o maior olhar de deboche e desdém, ela respondeu:

"O desenho deveria ter sido
feito por você, não por outra pessoa.
Não vou aceitar este trabalho!",

desacreditando que eu tivesse feito o desenho.

Tive um breve colapso. Não sabia se sentia orgulho por saber que o desenho tinha ficado muito bom, ou se ficava triste por ela achar que eu não era capaz de fazer algo naquele nível.

Voltei pra casa com o desenho embaixo do braço e com meu orgulho ainda intacto, não me deixando abalar por alguém que desacreditou de mim. O fato de eu ter ficado sem nota injustamente me fez refletir sobre a importância do reconhecimento. Nem todos vão gostar de você, nem todos vão gostar do que você faz. O grande ponto é analisar friamente a situação, de forma matemática: se a maioria gostou, você está no caminho certo! Jamais se deixe abalar e não regrida sua evolução e talento por notas baixas que a vida te der.

Quem mede o tamanho do seu talento é você. As pessoas apenas se identificam (ou não) com ele.

A partir desse momento, me motivei ainda mais para desenhar. Gastava folhas e folhas rabiscando personagens da Disney, criando outros, evoluindo e testando. O estímulo à criatividade sempre foi muito forte na minha infância. Mesmo estudando em um colégio mais tradicional, no qual as artes não eram tão estimuladas, eu mantive meu foco no que me fazia bem, no que me fazia sentir confiante e confortável.

Artes sempre foi a matéria em que eu tirava as melhores notas; matemática, a pior! Segui desenvolvendo mais meu lado artístico. Fiz amizade com um menino que desenhava bem e criamos um personagem chamado Homem Minhoca. Durante muitas aulas de matemática, ficamos desenhando em vez de fazer equações. Já sabemos quantas vezes fiquei de recuperação em matemática, certo?

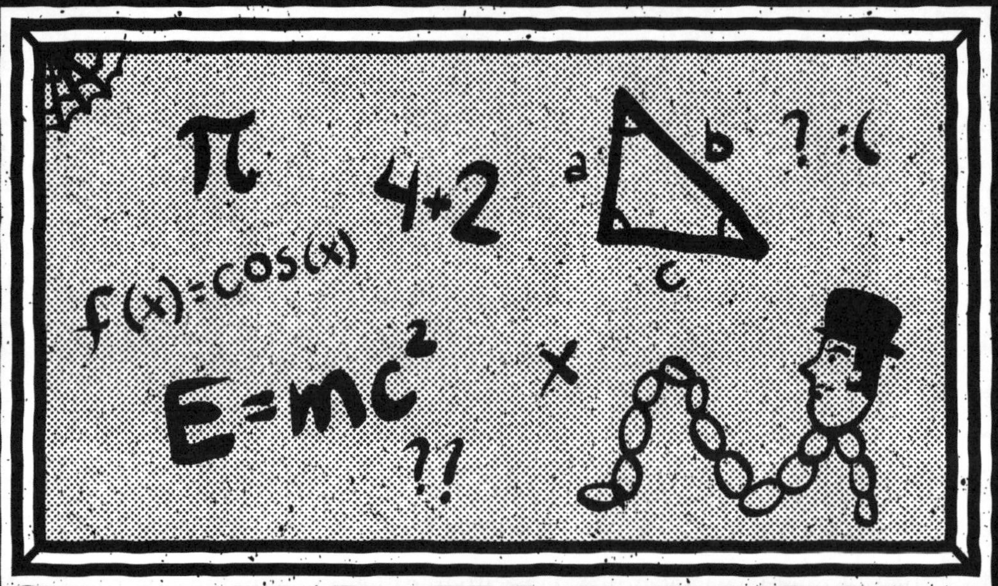
π
4+2
f(x)=cos(x)
a
b
c
E=mc²
??

"Tenha em mente que tudo que você aprende na escola é trabalho de muitas gerações. Tudo isso é posto em suas mãos como sua herança, para que você receba-a, honre-a, acrescente a ela e, um dia, fielmente, deposite-a nas mãos de seus filhos."

Albert Einstein

4 Desafi pague

e-se e pra ver!

Nunca fui uma pessoa com milhões de amigos. Na verdade, consigo contar em uma mão quantos amigos tive na infância, fora os imaginários. Desde sempre vivi meu universo particular, e a maior quantidade de amigos que tive foi meu balde de soldados verdes somados aos Legos e Comandos em Ação. Um baita time!

A timidez e a insegurança tomavam conta de mim. Meu amigo mais próximo por anos foi meu primo Bob. Nós morávamos perto, e ele sempre dormia na minha casa. Mas eu tinha um pequeno problema: não conseguia dormir na casa de ninguém! Logo que chegava a hora de deitar, eu chorava porque queria a minha cama, sentia saudade da dona Rita, minha mãe. Queria minha casa, meu espaço, meus brinquedos.

Essa fase durou anos.

Mas em determinado momento no início da adolescência esse medo acabou sem explicação.

No colégio nunca fiz parte de um grupo. Nunca fui do fundão, nem nunca fui do grupo dos Nerds. Sempre fui na minha, da turma que ninguém sabia que existia. Já na rua de casa, eu sempre brinquei com todos, mas nunca fiz amizades fiéis, nunca dei liberdade e confiança para as pessoas, e ainda não sei o porquê disso. No momento, eu achava que o melhor a fazer era ficar na minha, no meu mundo.

Então, no sexto ano do ensino fundamental, o colégio decidiu fazer uma peça de teatro: *Dom Quixote*. Eu, aos treze anos, gordinho, tímido e inseguro me encaixaria no máximo no papel de pedra, ou árvore — acho que pedra seria o melhor, árvores se mexem muito. Não me lembro de qual motivo ou quais foram as circunstâncias, mas eu fui eleito Dom Quixote. Sim, o personagem principal. Na hora eu não sabia o que dizer, apenas senti que devia aceitar.

Desafios são experiências necessárias em todas as fases da vida.

Senti um misto de medo e animação. Eu não sabia como seria decorar páginas e páginas de texto, interpretar um personagem na frente de todo o colégio que até então não me conhecia. Eu passaria a ser o centro das atenções em cima daquele palco.

Juntei o útil ao agradável. Como eu tinha talento com artes, resolvi fazer eu mesmo a roupa e as armaduras de Dom Quixote. Falei com o sr. Ronaldo, meu pai, que sempre teve muito talento com as artes. Juntamos cortes de papelão e muita fita marrom, e construímos a armadura mais incrível de todas, com direito a ombreiras e traços sofisticados, tudo que um exímio cavaleiro merecia.

Desafios são prazerosos, te fazem ultrapassar limites e enxergar que você pode chegar onde quiser se tiver determinação. Peguei então as mais de trinta páginas de texto para decorar, e ali estava eu, um menino tímido e inseguro, com o papel principal na mão, tendo que se superar e descobrir se tinha algum talento para isso, ou se deveria continuar apenas desenhando.

Surpreendentemente, decorar o texto foi tarefa fácil, os ensaios foram tranquilos e divertidos.

Éramos crianças, tudo era motivo de risada.

E então chegou o grande dia. Cada classe interpretaria sua própria peça, e isso havia discretamente se tornado uma disputa pra saber quem seria melhor.

"Faça uma ponte com seus medos e passe por cima deles."

Daniel Duarte,
da página Siga os Balões

5 Revi seu pa

site

ssado

O público ia chegando, e o nervosismo me fazia tremer mais que vara verde. Então o texto foi sumindo da minha cabeça, e tudo ia se tornando uma grande página em branco. O desespero tomou conta de mim, e, como uma flecha, me veio à mente o grande motivo pelo qual eu temia veementemente me apresentar em público.

Aos cinco anos, prestes a me formar no jardim de infância, tínhamos uma grande apresentação de formatura: todos vestidos de abelhinha, com bermuda e regata amarela listrada de preto, e a charmosa tiarinha com bolinhas na ponta, lembrando as antenas do Chapolin. Eis então que me surge uma vontade descomunal de efetuar uma evacuação de líquido pela uretra, vulgo xixi. Sem controle sobre meus atos, fiz tudo ali mesmo, sobre a esplendorosa fantasia de abelha, o que fez com que um gigantesco borrão de xixi se destacasse em minha bermuda... E, mais uma vez, não me perguntem por que fiz isso.

Eu tinha só cinco anos!

Sem muita opção, me apresentei assim mesmo e virei motivo de piada. O trauma foi tão grande que me fez voltar a esse pensamento quase dez anos depois, já com as armaduras de Dom Quixote, pronto pra entrar no palco e disparar minhas primeiras falas.

Autocontrole é algo que deve ser trabalhado desde sempre, é preciso equilibrar os sentimentos, não deixar nenhum sobressair. O desequilíbrio gera frustração e insatisfação.

Respirei fundo e então virei Dom Quixote de La Mancha, um cavaleiro andante que lutava contra moinhos de vento. Ali no palco, eu deixei de ser o Gustavo, não existia mais ninguém na minha frente, somente eu e minha armadura de papelão, Sancho Pança e minha aventura. Eu me senti livre e confiante como nunca; mais uma sensação de dever cumprido.

Finalizar a apresentação foi uma das maiores realizações da minha vida. Eu me senti capaz, mesmo sendo tão novo. Mais uma vez senti orgulho de mim, de me desafiar e vencer, mesmo parecendo uma gigantesca caixa de papelão ambulante na frente de tantas pessoas!

Lutar contra si mesmo é a maior batalha de todas. Vencer, então, é a maior conquista!

Hoje vejo que não foi por acaso que peguei o papel. Dom Quixote era alguém que queria aventura, saiu por aí imaginando ser melhor do que era, pondo desafios e obstáculos em sua jornada. Tratava monges como feiticeiros e lutava contra moinhos de vento como se fossem gigantes malfeitores.

Nossas escolhas sempre nos levam para caminhos de aprendizado, sejam bons ou ruins. Atuar aos treze anos foi meu primeiro grande desafio, mas ainda assim segui apaixonado pelo desenho e pela criatividade. Eu não via a atuação como um plano para o futuro.

E é como eu disse, a vida nos leva por caminhos incríveis.

Never say never, já dizia Justin Bieber!

Hoje estou eu aqui atuando, usando minha criatividade com minhas produções, sem caixas de papelão pelo corpo, mas com algumas perucas e trejeitos estranhos e para um público infinitamente maior do que o que estava naquele teatro.

NUNCA DIGA ~~NUNCA~~

"O medo é que faz que não vejas nem ouças, porque um dos efeitos do medo é turvar os sentidos e fazer que pareçam as coisas outras do que são."

Dom Quixote de La Mancha,
Miguel de Cervantes Saavedra

6 Perni

ta-se

Depois de muito tempo, eu pude perceber como tudo faz sentido em nossa vida, tudo tem um porquê e lá na frente se encaixa. Eu explico para vocês!

Ainda no colégio, fui convidado a participar da primeira turma de um projeto aprendiz, no qual eu ganharia um salário bem simbólico, mas entraria no mercado de trabalho e em um dos maiores bancos do país. Achei incrível! Aos dezesseis anos, começar minha vida profissional era superempolgante. Lembro ter vários vícios de linguagem na entrevista de emprego, usar muito "tipo" mesmo, como se fosse minha vírgula.

O "tipo" era a minha vírgula.

Eu estava bem nervoso, claro! Não era pra menos. Ali percebi que dei mais um passo na minha vida, mais uma evolução. E ali eu soube que viraria freguês de todas as redes de fast-food, que eu ia gastar tudo em chiclete e salgadinho.

tipo
TIPO

No meu primeiro dia de trabalho, levantei duas horas antes. Nervoso, coloquei uma gravata e fui para o YouTube procurar como dar um nó naquele pedaço de pano. E eu consegui! Ficou um dos nós mais bonitos que eu já tinha feito. Na verdade, aquele foi o primeiro, mas achei incrível na hora. Só que ficou parecendo que eu tinha jogado a gravata no chão, pisado e colocado no pescoço. Chique!

Cheguei na hora exata. Eu estava nervoso, era um ambiente superprofissional, com pessoas engravatadas e sérias. Me disseram que o meu "tutor" ia chegar logo. Eu já fui imaginando um homem grisalho, com bigode e segurando uma xícara de café.

Olhei para a frente. Vindo em minha direção, um cara de uns vinte anos, cabelo comprido com gel, lambido pra trás, magro e cumprimentando todo mundo. Era o Bryan, o cara que deu início à toda a loucura na minha vida.

É aqui que entra aquele ponto de que tudo faz sentido na vida. Acompanhe!

Nós nos apresentamos, e eu achei demais ter um "chefe" jovem e descolado. Mas fiquei assustado, pois era um jovem que ia me ensinar tudo. Se nem ele viveu direito ainda, como poderia me ensinar? Criamos uma amizade incrível, trabalhei no setor de suporte técnico a todo o departamento e aprendi muito sobre computadores, softwares etc. Com o tempo, nós fomos nos conhecendo melhor, e descobri que ele era baterista; um puta baterista por sinal.

Nosso contato diário fez com que a amizade saísse da vida profissional e também se tornasse pessoal. Na adolescência, comecei a me relacionar mais com as pessoas, fazer amizades mais reais. O próprio trabalho me fez amadurecer no relacionamento pessoal.

Então um dia ele me convidou para ir ao ensaio da sua banda, Rudolph — sim, a rena do Papai Noel. Durante o ensaio, eu o vi tocar, fazendo todo aquele barulho ensurdecedor, aqueles pratos mexendo e a música que saía disso. Fiquei fascinado e disse a mim mesmo:

"Eu quero isso pra mim agora!"

Como tudo na minha vida, resolvi me dedicar a mais um desafio. Fora estudar e trabalhar, que já consumia noventa por cento do meu tempo, resolvi tocar bateria.

Quando acrescentamos novos desafios e responsabilidades à vida, automaticamente evoluímos, nos permitimos nos cobrar mais e a ter resultados melhores. Sempre coloque novos desafios na sua vida, claro que se sobrar tempo entre trabalho, estudos e vida pessoal. Saiba, acima de tudo, separar.

Não assuma uma carga muito alta, senão o seu aproveitamento vai ser uma merda!

TRABALHO BOM

7

Perca
se en

-se para
contrar

O mundo da música já tinha me fascinado uns anos antes. Na minha família tem muitos músicos por hobby. Meu tio é maestro. Eu fiz aulas de música, aprendi um pouco de cada coisa, mas nenhum instrumento havia me fascinado como a bateria.

A música te conecta com lugares incríveis.

A minha concentração só existe quando tem musica ambiente. Nesse exato momento, por exemplo, ouço Nat King Cole. Ela tem o poder de te levar para lugares que, sem ela, você às vezes não conseguiria chegar.

Existem pesquisas por aí que afirmam que ouvir música durante os estudos ajuda no aprendizado, e que o estilo de música deve ser escolhido de acordo com a atividade a ser feita. Músicas mais calmas e em escalas tonais mais tranquilas induzem o relaxamento. Com isso, a imaginação é estimulada e a concentração ampliada. Por isso, sempre que vou desenvolver roteiro, gosto de músicas mais alegres e em ritmos mais energéticos. Já escrevi muitos roteiros ao som de Latino, juro!

Saber assumir um desafio é demais. Logo depois de já ter minha bateria, eu passava tardes treinando, ouvindo CPM 22 e tentando fazer igual, tudo de ouvido, sem nenhuma técnica — exatamente como fiz com o desenho quando criança.

"Sem música, a vida seria um erro."

Friedrich Nietzsche

Meu desenvolvimento foi incrível, e ver minha evolução me fez sonhar em ser um rock star. Na época, em 2006, NX Zero ainda estava fazendo pequenos shows. E junto com eles surgiram os emos pelo Brasil.

A cena underground estava em alta, bandas se formavam em todo canto. Todas elas com um estilo de pop rock parecido, era demais! Todo domingo eu estava no Arena, uma casa de shows em Osasco. Aos dezesseis anos, comecei a ter minha primeira tribo — não me imaginem saindo por aí pelado com um cocar na cabeça e fazendo a dança da chuva!

Quando me refiro à tribo, quero dizer estilo. Um grupo de pessoas que seguem o mesmo estilo. No meu caso, emos.

Sim, eu fui!

Quando você entra para uma tribo, começa a ganhar sinais de personalidade, a forma como se veste, fala, o que curte, tudo vai se transformando. Ainda mais na adolescência, o período em que você adquire os primeiros sinais de rebeldia e quer ser independente.

Não posso negar que boa parte dos traços da minha personalidade de hoje vieram dessa época de emo-rock-pop-happy-underground. Meu estilo de roupas é mais propenso a essa fase, minhas gírias, meus trejeitos etc. Mas isso eu mantive por achar adequado a quem sou hoje.

A mudança faz parte da lei da vida. Quem mantém o passado presente não chega ao futuro.

Precisamos mudar sempre, mantendo apenas os traços bons da personalidade. E isso determina quem você é. Filtre o que realmente vai te manter bem e feliz, absorva coisas boas de todas as fases da sua vida. É isso que vai moldar sua personalidade no futuro.

8

Cant
o

enda
eu

A parte mais difícil de evoluir e desenvolver a personalidade é entender a si mesmo. Durante vários momentos da vida, você vai se perguntar por que fez tal coisa e se arrepender de outras. Isso é normal. As minhas crises existenciais sempre vieram de forma devastadora, e, depois de algumas, aprendi a controlar e a entender. Vamos por partes!

Crise existencial é basicamente quando você faz milhares de questionamentos sobre sua existência no mundo e seu propósito aqui. E sabemos que nossa mente sempre nos leva para as análises mais loucas e perturbadoras possíveis, nos deixando improdutivos por horas ou até dias.

Não importa a quantidade de crises existenciais que você enfrente. O que importa realmente é aonde você vai chegar com tudo isso.

Toda crise deve ser encarada como aprendizado. Afinal, são nas piores crises que nascem as melhores poesias. Por isso, use essas crises para se conhecer, ou reconhecer; às vezes nos perdemos no meio do caminho.

Eis algumas dicas testadas por mim para ajudar nessa luta maluca com a sua próxima crise existencial:

1. Descarte todos os pensamentos negativos

O mais normal, durante uma crise, é você se colocar pra baixo. Por isso, anule esse tipo de pensamento.

2. Tenha uma base

Independentemente de religião, é normal você se sentir sozinho durante uma crise. Nessas horas, tenha em quem se ancorar:

Deus, amigos, vida, família etc. Foque em coisas e pessoas. Isso ajuda muito.

3. Distraia-se

Use seu tempo para um entretenimento. Tirar o foco dos problemas ajuda muito e dá até mesmo uma luz sobre como melhorar e seguir em frente. Uma sugestão pra você que quer se distrair e se divertir é assistir a um tal de canal NomeGusta no YouTube. Dizem que o rapaz é bom; a mãe dele mesmo disse isso.

4. Mude

O ponto principal é inverter a situação. Pense no lado bom! Mude o foco para as coisas boas da sua vida, planeje novos desafios e projetos. É difícil, eu sei, mas faça um esforço.

Agora, se você for do tipo de pessoa mais corajosa e hardcore, use a dica a seguir:

5. Entenda

Entender a crise existencial requer frieza e consciência.

O problema não é o seu pensamento; é o seu apego a ele.

Analisar o que está acontecendo e de onde se originaram esses pensamentos é complicado, porque trezentos outros pensamentos vêm logo na sequência. Mas mantenha o foco, tente entender o que acontece e se questione. Seja seu melhor psicólogo nessas horas. Entenda, acima de tudo, que é um problema comum. Todos passam ou passarão por uma crise existencial. A sua não é a única e nem a pior, é apenas mais uma.

1
2
3
YOUTUBE.COM/
NOMEGUSTA
4
5
ENTENDA!

"A única coisa que se aprende e realmente faz diferença no comportamento da pessoa que aprende é a descoberta de si mesma."

Carl Rogers

9

Viva no

manual

Sabemos que o corpo humano funciona de forma muito automática. Fazer coisas com as quais não se está acostumado, como forçar pensamentos positivos numa situação ruim como a anterior, é muito difícil! Mas toda mudança requer manualidade. É preciso deixar o automático de lado.

Quando forçamos uma mudança — para melhor —, precisamos entender que no começo será completamente forçado, até nosso corpo entender que isso é o certo a fazer. Por isso, preste muita atenção a cada movimento, mantenha-se focado nos pontos que quer mudar.

Não se compare com os outros.

Durante muito tempo, eu me martirizei por isso. Eu sempre olhava meus trabalhos ruins me comparando com outras pessoas, me questionava por que não conseguia fazer igual a fulano, ou porque não era melhor que beltrano. A resposta é simples:

Porque eu não preciso ser melhor que ninguém para ser melhor que eu mesmo!

Durante toda a vida somos vítimas de comparação, na escola com trabalhos de artes, na faculdade com as notas, no trabalho com o desempenho e qualidade, até no namoro somos comparados com o namorado da melhor amiga...

Quando nos comparam "para melhor", ficamos com o ego inflado. Isso em um primeiro momento é bom. Ter o ego massageado é muito bom, mas em muitos casos nos estaciona. Ter a sensação de "ser o melhor" te faz muitas vezes parar de crescer e evoluir. Agora, quando essa comparação é para baixo, toda nossa motivação vai embora, e isso também não é nada bom.

Precisamos primeiro entender que a única comparação que de fato vale é a que fazemos a nós mesmos! Essas comparações consigo mesmo se tornam ainda mais proveitosas quando você estipula metas pessoais, desafios!

O QUE POSSO FAZER PARA CONTINUAR EVOLUINDO?
O QUE ESPERO DO FUTURO?
ISSO ESTÁ ME FAZENDO FELIZ?
DEVO DESISTIR SÓ PORQUE ALGUÉM NÃO CURTIU?

10

Meta

-se

Quando estamos trabalhando em algo profissional ou pessoal, temos um objetivo, que é diferente da meta. O objetivo é algo que se pretende alcançar, já a meta é quantitativa. Por exemplo: um dos meus grandes objetivos é atuar no cinema; minha meta é realizar isso em cinco anos.

Quando se trabalha com metas, tudo se torna mais desafiador. A vontade de superar seus próprios limites te deixa mais empolgado com projetos e alucinado quando consegue finalizar no prazo estipulado.

O importante é você decidir primeiro uma meta e depois o caminho que vai seguir para alcançá-la.

Atropelar os passos ou correr no escuro não vai te fazer chegar mais rápido.

Planeje antes de começar a caminhada.

Não responda seus problemas com desculpas, e sim com metas para solucioná-los.

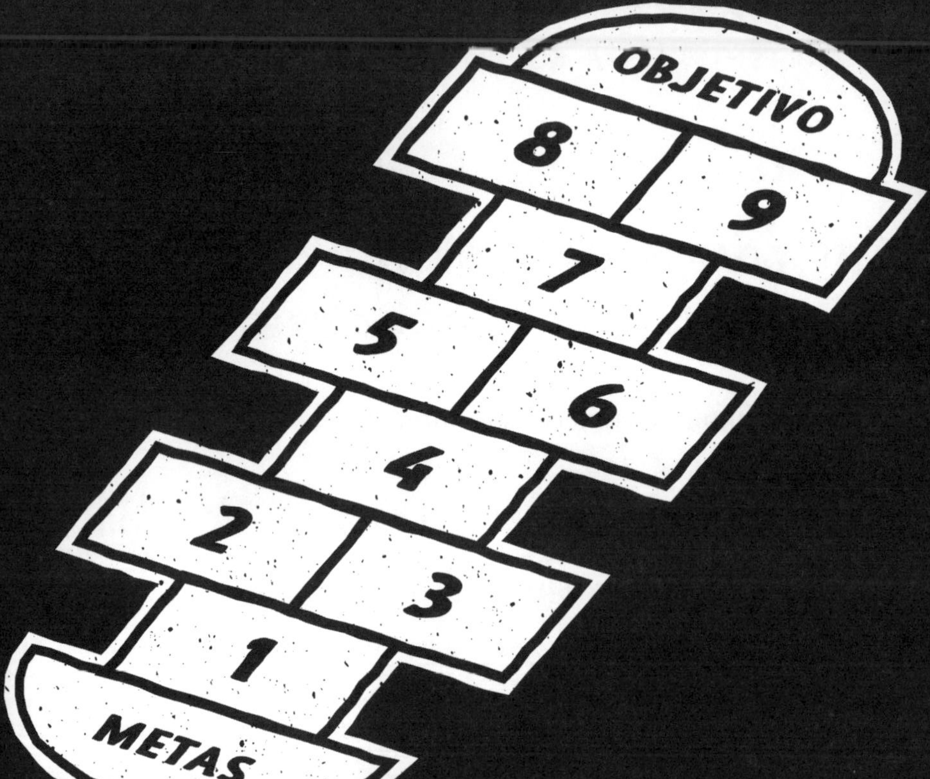
OBJETIVO
8
9
7
5
6
4
2
3
1
METAS

"A pessoa deve definir suas metas o mais cedo possível, assim pode dedicar toda a sua energia e talento para chegar lá. Com bastante esforço, ela pode conseguir."

Walt Disney

11

De seus

tenda
sonhos

Nem sempre o que escolhemos no presente é de fato o que vamos seguir para o resto da vida. Nem sempre nossas escolhas serão as finais. Minha primeira grande escolha profissional foi a faculdade. Desde cedo eu já sabia o que queria: trabalhar com arte, com criação. Mas eu nunca soube qual área exatamente eu seguiria.

Quando cheguei ao terceiro ano do ensino médio — já trabalhando há três anos no banco —, tive que escolher que caminho seguir profissionalmente. E esta é uma das grandes perguntas que sempre me fazem: "O que devo cursar na faculdade?" E eu sempre respondo: "O que você gosta, e não o que os seus pais querem!"

É muito comum os filhos seguirem os sonhos dos pais, deixando muitas vezes de lado as vontades pessoais para agradá-los. O primeiro erro está aí! Se seu sonho foge completamente do que seus pais sonharam pra você, vale ter uma conversa franca e dizer: "O sonho é meu e eu preciso vivê-lo. E vou precisar do apoio de vocês, pois essa é a minha vida".

Seus pais jamais desejariam algo pra você que não fosse bom. Eles querem te direcionar porque já viveram muita coisa. Saber o que pode ser bom e ruim não é necessariamente o que você quer, mas é o que eles acham seguro para você, pois já conhecem o território.

Conheci muitas pessoas que seguiram a carreira dos pais, ou por ter se apaixonado pela profissão, ou por ter sido forçado a isso. Os pais devem sim opinar sobre o futuro do filho, mas nunca impor. Essa é uma escolha sua, cada um sabe o que trilhar. Quando chegamos a momentos de grandes escolhas, devemos pedir opinião de pessoas que amamos.

Mas não deixe que a opinião delas seja a resposta final.

FOLLOW -YOUR- DREAMS

(MAS SEMPRE OUÇA O QUE SEUS PAIS TÊM A TE DIZER)

12 Não seja pessoa im seja

uma
fluenciável;
flexível

Tendo uma mãe bancária e um pai metalúrgico, e uma família em que absolutamente ninguém seguiu profissionalmente nas artes, decidi fazer faculdade de design digital, pro desespero dos meus pais.

Vamos voltar alguns anos, exatamente a 2003, quando ganhei minha primeira câmera digital. Era uma 3.2 megapixels — incrível pra época. Eu tirava foto de tudo, fazia ângulos diferentes, usava coisas brancas para rebater a luz e testava tudo, sem nenhum conhecimento técnico, só fazia e via no que dava. Era demais — não que ficasse bom, na verdade ficava uma porcaria, mas, como arte não se discute, vou falar que ficava incrível... Ficava incrível!

Desenvolvi um apreço pela fotografia que não consigo explicar, fotografei muito com essa câmera, comecei a olhar o mundo com outros olhos. Cada textura na parede rendia um bom clique, cada movimento de uma senhora na rua rendia uma boa história.

A fotografia virou um refúgio pra mim; sempre que tinha um tempo livre, eu pegava a câmera e saía por aí clicando. Mas até aí era um hobby, eu ainda não tinha enxergado isso como profissão e mantive minha ideia de seguir criando na área de design.

Quando comecei a faculdade, gostei muito! Todas as matérias eram legais, as pessoas também, e foi aí que conheci o Kozera e a Nathalie, que viraram muito amigos meus na faculdade. Mantivemos o nosso grupo de trabalho durante bastante tempo.

De cara, eu me encantei principalmente com a matéria fotografia; na primeira aula meu olho já brilhou, achei demais todos aqueles cálculos de fotometria e toda a magia que envolve a história da fotografia, mas o grande problema era: eu odeio tudo o que envolve números, não sou bom em matemática e sabia que na faculdade teria uma matéria chamada CÁLCULO. Já me arrepiava só de pensar nesse dia chegando.

13

Plante a da

semente amizade

Este é um dos principais pontos nesta nossa jornada: seu time, sua gangue, seus comparsas, seus bródi. Saiba que durante a sua vida você fará milhares de amigos; alguns ficam porque eram pra ficar, outros vão embora porque foram de fato aprendizados na sua vida.

Durante boa parte da vida, como já falei, não tive muitos amigos, mas nessa nova fase, quando já me sentia mais adulto e menos tímido, consegui me relacionar melhor com estranhos e, assim, fazer novas amizades.

O Kozera, que eu já mencionei, foi um dos grandes amigos que fiz na faculdade. Nosso grupo era o mais engraçado da sala, e o mais legal de tudo isso é que éramos inteligentes, ou seja, éramos os que bagunçavam e tiravam nota. Bugamos os professores!

Durante as provas, a sala inteira em silêncio, ficávamos fazendo barulho de moscas. Nossa imitação era assustadora de tão perfeita; todos os alunos riam e os professores, sem entender, ficavam procurando um inseto invisível. Falando aqui pode parecer idiota, e é mesmo, mas era muito legal.

Outra mania nossa durante os intervalos de aulas era "enrolar amigos com frases complexas". Explico! Falávamos frases complicadas, mas sem sentido nenhum, porém os dois se entendiam. As outras pessoas que estavam na conversa ficavam confusas, por estarmos falando sério, e fingiam entender. Eu não percebia, na época, que isso nada mais era do que um exercício de improvisação, para desenvolver a capacidade de brincar e entreter pessoas.

Às vezes coisas que fazemos são técnicas já existentes, usadas pra outras coisas, mas nós não temos ideia. O nome disso é feeling! Sabemos fazer, mas não sabemos explicar o que estamos fazendo, ou não temos ideia de que sabemos fazer, mesmo não tendo ideia de que sabemos entender de fato que sabíamos! (Sim, eu fiz com vocês a brincadeira da faculdade. Complexo, né? Hehehe. Mas não menti, só confundi vocês um pouco!)

Um dia alguém fez exatamente como nós — fez algo, viu resultado e deu um nome a essa ação! Por isso, quando fazemos alguma coisa sem saber exatamente o que é (calma, não é pegadinha de novo), pode ser algo já conhecido por profissionais da área, como aqueles exercícios de improvisação e sintonia com o Kozera. Acabávamos fazendo aquilo sem saber que se tratava de algo realmente funcional para uma área.

"Amizade é o crime perfeito."

João Doederlein,
da página Contos Mal Contados

Tenha os chão, permitá

pés no
mas se
voar!

Naquela época, com dezoito anos, trabalhando no banco desde os dezesseis, fazendo uma faculdade que eu sempre quis, senti como amadurecer era puxado, como as responsabilidades tiravam boa parte do meu tempo livre pra me dedicar a outras coisas.

No pouco tempo que me sobrava, eu ia com os amigos ao estúdio fazer um som com a minha banda. O conhecimento de bateria que eu tinha me proporcionou brincar de banda, um sonho que eu ainda não havia contado a vocês. Eu e quatro amigos ensaiávamos, fazíamos pequenos shows e alimentávamos o sonho de ser rock stars, de ter pessoas que saíssem de casa pra admirar o nosso trabalho e nos prestigiar. Parecia uma sensação muito boa, que eu queria experimentar.

Compartilhar seus sonhos com os amigos é uma coisa incrível. Amigos de verdade comemoram com você, e aquilo vira um sentimento muito maior!

"Alegria compartilhada é alegria redobrada."

Forfun

Eu sentia uma paz muito grande tocando com a minha banda, e pensava: *Deve ser demais trabalhar com o que a gente ama*. Eu tinha esse sonho com a música; já o design era algo que eu gostava, mas via como trabalho. Sabe aquela frase:

"Trabalhe com o que ama e você nunca vai precisar trabalhar"? Ela precisava fazer sentido pra mim algum dia. Esse era o meu objetivo!

Com o passar dos dias, o meu tempo foi ficando cada vez mais focado no concreto, e o sonho foi ficando de lado. Eu não tinha mais tempo nem pra sonhar, que dirá correr atrás dos meus sonhos. Preferi focar no que já tinha de garantido a começar algo que eu não fazia ideia pra onde ia me levar. Era aquele bom e velho medo do desconhecido, sabe?

Trabalhar no banco me abriu a mente! Não é porque você trabalha com algo que não ama que não pode aprender com isso.

Tente tirar um aprendizado de tudo que você fizer e passar, pois um dia pode ser útil.

Ser um recém-jovem-adulto e trabalhar só com pessoas mais velhas me fez aprender a falar melhor, dar um tempo nas gírias ("tipo"), me portar melhor, saber gerenciar o meu dinheiro etc. Mas, ainda assim, eu sentia falta de trabalhar a criatividade, de poder explorar esse mundo que sempre vivi.

No horário de almoço, muitas vezes eu e o Bryan ficávamos brincando no Photoshop, fazendo montagens, criando coisas e dando risada. Essa era a minha fuga para o pouco de estresse que rolava no ambiente corporativo. Eu fazia fotos durante o horário de lanche e mostrava pros colegas de trabalho, e o elogio sempre vinha em seguida. Coisas assim me motivavam.

Seu seu

sonho, risco

15

Liber

te-se!

Depois de seis anos trabalhando no banco, passei por áreas como suporte de computador, atendimento ao cliente, crédito rural etc. Em cada uma aprendi muito, conheci gente que me passou um conhecimento insano pra me tornar a pessoa que eu sou hoje, e sou grato por essa etapa da minha vida.

A vida tem três fases: nascer, crescer e morrer, mas dentro do crescer existem milhares de subfases, e é nelas que você precisa entender que um dia tudo fará sentido!

Eu lembro bem, aos meus vinte e dois anos, tomando café às nove da manhã, antes de começar o dia de trabalho, e passando por uma crise existencial, daquelas que enfrentamos milhares de vezes ao longo da vida… Olhei pro fundo da sala e vi dois senhores tomando café. Eles não pareciam muito felizes; só estavam ali, existindo.

Sabe quando te dá um clique e você acorda pra alguma coisa, como se tivesse uma ideia genial? Me perguntei ali se era realmente isso que eu queria pra minha vida. Se eu me via, dali a trinta anos, ainda trabalhando com números, coisa que, pra quem odeia matemática, não fazia sentido nenhum.

Resolvi então colocar em ação meu plano infalível, que pra falar a verdade nem era exatamente um plano, era só uma atitude, um impulso, mas foi o impulso mais certeiro da minha vida. Foi quando eu percebi que podia ser quem eu quisesse se corresse atrás, que eu podia sim largar tudo o que tomava o meu tempo e me impedia de ir atrás do meu sonho, daquilo que eu me imaginava fazendo dali a trinta anos. Mas fica uma dica: não seja tão louco quanto eu!

Eu não acredito em sorte, acredito em potencial + momento certo. Às vezes você tem o potencial, mas não é o momento certo. Porém, por algum motivo ótimo, eu estava no momento certo, agi por impulso e funcionou, mas não recomendo que façam o mesmo.

Se eu posso dar uma dica a todos vocês, é: busquem conhecimento (como diria o ET Bilu), se planejem! Se querem correr atrás de um sonho, primeiro se programem e analisem se isso é possível.

Naquele dia eu tomei a primeira atitude absurdamente louca da minha vida: pedi demissão do banco e tranquei o último ano de faculdade para virar fotógrafo. SIM!

Com uma mão na frente e a outra atrás, usei o dinheiro que tinha guardado para comprar uma câmera nova, lente, flash. E foi isso: sem saber como começar, eu só fui. Posso dizer que foi libertador, uma mistura de medo, arrependimento, curiosidade, sonho, medo e medo de novo.

Conversei com meus pais e contei meus planos. Eles não aprovaram, mas entenderam que a minha vida e o meu sonho quem decidia era eu. Afinal eu já era um homem de vinte e dois anos, embora tivesse cara de dezessete, e já tinha idade até pra ser preso. Não que eu pensasse nisso, claro que não, mas, enfim, vocês entenderam!

Era visível o medo deles pelo futuro incerto do filho. Minha família inteira estranhou o fato de eu largar uma vida boa, com salário bom, plano de saúde, faculdade quase completa, pra virar fotógrafo. Eu sentia que eles estavam felizes, pois sempre elogiaram meus cliques, mas tinham medo de o sobrinho virar um desabrigado.

16 Come algum

ce de
jeito!

Eu só sabia fotografar, não sabia o que era preciso pra entrar no mercado, e isso me deixou em pânico. Passei de um salário ótimo pra zero real por mês. Eu precisava me sustentar, comprar equipamentos novos, pagar o carro, seguro. Ai, meu Deus!

Então fui pelo caminho mais comum dos fotógrafos: festas e casamentos!

Passei por várias empresas, mostrando os poucos cliques desses eventos que eu já tinha feito: o casamento do meu tio e o da minha prima. O pior de tudo era saber que as fotos eram lindas, mas as empresas sempre me olhavam torto e diziam na minha cara que eram ruins!

Vamos partir do seguinte ponto: arte nunca é ruim. Arte não se discute! Jamais critique um trabalho na frente da pessoa que o fez.

"A arte diz o indizível, exprime o inexprimível, traduz o intraduzível."

Leonardo da Vinci

Depois de bater em algumas portas, ninguém quis me contratar como freelancer. Isso me deixou pensativo quanto ao meu potencial. Será que eu sou ruim? O que aconteceu? Percebi então que eu não precisava trabalhar pra alguém; eu poderia vender o meu próprio trabalho.

Foi aí que um amigo, também fotógrafo, me chamou pra cobrir uma festa infantil no lugar dele. Seria o meu primeiro trabalho profissional, mas eu não podia demonstrar. Tinha que chegar munido de conhecimento e de cabeça erguida, parecendo um fotógrafo que trabalhava há vinte anos no ramo.

Cheguei à festa, crianças pra todo lado, gritando, me chamando de tio e me puxando pela calça para pedir foto. Quase louco, eu me perguntei: O que eu tô fazendo aqui? Mas deu certo! As fotos ficaram lindas, a cliente gostou tanto que me indicou para outras pessoas, e eu fiz mais alguns trabalhos em festas infantis, na mesma loucura das crianças ligadas no 220.

Nunca foi um trabalho que me deu muito dinheiro. Pra ser sincero, durante alguns meses ganhei quatrocentos reais por mês. Aquele foi o período mais complicado até hoje, o dinheiro só dava pra pagar o básico do básico.

Sonhos às vezes custam caro, e quando digo "custar" não me refiro a dinheiro; me refiro a dedicação e suor. O preço que se paga pra conquistar um sonho é alto, por isso muitos desistem no meio do caminho.

... HHHHMMM, INTERESSANTE...
... É UMA BRUXA?
... MEU FILHO FEZ UMA PARECIDA ONTEM...
... SÓ POSSO PAGAR R$ 12,95 E AINDA ESTOU TE FAZENDO UM FAVOR...

17

Cona beira

pelas das

Minha banda tinha acabado com o emprego e a faculdade — sem trabalho, sem dinheiro para ensaiar, simples assim. Às vezes você precisa abrir mão temporariamente de uma coisa pra poder correr atrás do seu sonho e conquistar essa mesma coisa novamente no futuro.

O sonho da música ainda existia em mim. O que eu admirava de fato nas bandas era como os fãs se sentiam felizes com o trabalho delas. Os fãs de cantores e bandas são mais amorosos que qualquer outro; é nítido como o artista faz bem para a pessoa.

Aquele mesmo amigo que me indicou pra fazer as fotos da festa de criança me convidou, um dia, para fotografar um show grande, com bandas cristãs. Achei uma ótima oportunidade pra vender o meu peixe e fazer portfólio.

Durante esse evento, vi como era louco fotografar shows — a correria, a dificuldade pra encontrar a luz certa, era tudo muito novo pra mim. Eu não tinha controle de nada, nem do movimento dos músicos, nem da luz, nem do tempo. Era uma loucura!

Essas fotos foram uma das coisas mais legais que já fiz. Foi o meu primeiro trabalho fotografando show, e considero as minhas melhores fotos de banda!

Um dos momentos que eu mais curtia nessa época era ir à padaria de madrugada tomar um cappuccino, sozinho na maioria das vezes. Sentava no balcão e ficava pensando na vida.

Em uma dessas idas, convidei o Phe, um amigo de anos que sempre foi baterista — ótimo, por sinal — e na época trabalhava com o Restart e o Granada. Em 2012 essas bandas tinham estourado, a cena do rock era linda e cheia de shows lotados.

Perguntei pro Phe se ele conseguiria me colocar pra fotografar alguma banda legal, pra fazer portfólio. Ele havia me dito que o Orelha (na época fotógrafo do Granada) tinha ido trabalhar pro Restart, e o Granada estava sem fotógrafo. Pedi:

"Me coloca pra fotografar algo deles!"

E deu certo! Fui fazer fotos deles em uma apresentação em um programa ao vivo. Eles gostaram das fotos e me convidaram pra ser o fotógrafo oficial da banda. O dinheiro era pouco, mas estar na estrada e viver indiretamente de música era muito bom!

Você não precisa iniciar a corrida já pelo objetivo final; pode ir comendo pelas beiradas! Se você quer ser fotógrafo, comece como editor; se quer ser um empresário de sucesso, comece como um funcionário de sucesso.

O que dita o seu sucesso não é a velocidade com que você chega até ele, e sim quanto você se esforçou pra chegar lá.

18
Vire à depois esque

direita,
à
rda!

Eu não fui muito longe como fotógrafo, fiquei quase dois anos tentando me estabelecer nesse mercado. Eram trabalhos lindos, mas nada que de fato me fizesse feliz. Eu esperava mais de mim e do que estava fazendo. Sentia realmente que aquele não era o meu ponto-final, o meu objetivo.

Sabe quando você está no carro, indo por um caminho que já conhece, mas o GPS te manda ir por outro, que pode ser melhor? É meio isso o que acontece na nossa vida. Às vezes você está seguindo por um sentido que já conhece e não percebe que existe um outro caminho, que pode ser melhor ou mais legal.

Um dos amigos que fiz na faculdade, o Xopper, era da "galera das bandas" na mesma época que eu tinha a minha. Nunca havíamos conversado, só nos conhecemos realmente na faculdade. Ele tinha uma banda muito talentosa chamada Libert e me convidou pra dirigir o clipe deles. Fiquei mais uma vez com medo, porém feliz. Era um novo desafio!!!

Eu nunca tinha trabalhado com vídeo, só nas edições dos trabalhos de escola — que eram, vamos dizer, um pouco "exóticas", pra não falar ruins. Aceitei sem pensar! Eu iria fazer o que sempre fiz: fotografia, mas dessa vez com movimento. Não parecia tão difícil.

Pensamos no roteiro e eu chamei o Caíque Gama — um amigo antigo que hoje faz sucesso com a banda Fly — pra atuar. Seria perfeito pro clipe!

E, para minha surpresa, deu tudo certo. O clipe ficou lindo! Fiquei feliz com o resultado e mostro até hoje esse trabalho — meu primeiro clipe, meu primeiro trabalho em vídeo.

Claro que, comparando com o meu trabalho de hoje, enxergo vários erros e problemas, afinal nós evoluímos. Sempre vamos melhorar e nos aperfeiçoar naquilo a que nos dedicarmos. Não encare os trabalhos antigos com vergonha, e sim como algo bom, pois significa que você melhorou!

Se você olha um trabalho antigo e não vê problemas nele, o problema está em você!

Sempre vamos fazer diferente a cada trabalho, sempre vamos olhar um antigo e pensar que mudaríamos pelo menos alguma coisa.

19

Desblo
fá

queie
ses

Desse dia em diante, criei amor pelo vídeo. Ele fez evoluir a visão que eu tinha da fotografia; aquela imagem estática passou a ter movimento, passou a ter vida! Não deixei de amar a fotografia, mas descobri que me apaixono mais quando ela também pode olhar pra mim e acenar.

Continuei fotografando bandas, mas agora com uma nova opção a oferecer: direção de videoclipes!

Fiz mais alguns clipes, uns que achei lindos, outros que achei ruins. O resultado não depende só de você, mas do que o cliente quer. Você pode ter a sua visão até certo ponto, mas, se o cliente pede algo específico, tem que fazer ou ponderar. E tente sempre colocar a sua identidade no objetivo final do cliente. Muitas vezes ele não sabe bem o que quer, e você pode aproveitar isso para criar!

Algo nisso, porém, ainda me prendia. Eu ainda sentia que esse não era o meu objetivo, o motivo pelo qual eu havia largado tudo. Eu sentia que a minha jornada ainda não tinha chegado ao fim.

Alguns meses depois do meu primeiro clipe, o Xopper me chamou pra montar um canal no YouTube. A ideia dele era fazer um canal de terror, visitando lugares mal-assombrados e passando a noite lá. Que ideia imbecil, não é mesmo? É mesmo, por isso eu topei!

Eu queria tudo o que era novo, queria experimentar coisas, e achei a ideia demais! Sempre gostei de filmes de terror e de coisas macabras.

Paramos pra pensar no formato, mas precisávamos de um nome pro canal. Refletimos, refletimos e nada. Estávamos desesperados, pois só faltava isso pra começar, então pensamos… E agora? BINGO! Esse foi o nome escolhido — não "bingo", mas "e agora?". Só que, pra ficar diferente, colocamos "eagorah?". Pronto, canal criado, só faltavam os vídeos.

A ideia era inovadora. Em 2012 não havia no Brasil canais de terror que visitassem lugares mal-assombrados.

Conseguimos um lugar pra gravar, cheio de histórias e um pouco macabro. Assim que chegamos — era o dia do último capítulo da novela —, o proprietário nos disse que iria assistir à novela na casa de um amigo e não voltaria. Ele deixou a casa só pra gente, e ficamos todos com o boga travado!

Apagamos as luzes, gravamos, sentimos medo, fomos embora, editamos o vídeo, subimos no canal… Ansiedade!

O vídeo foi bem-aceito, mas só pelos amigos! Mandávamos e-mails pra todos os blogs, só que nenhum postava, nenhum se interessava. Precisávamos gerar visualizações de alguma forma, precisávamos de uma ajuda! Mandei um último e-mail pro blog O Buteco da Net, do meu hoje amigo Humberto. Para minha surpresa, ele postou o vídeo, que chegou a trinta mil visualizações. Achei um número megalegal.

Só que aquele sentimento de "ainda não é isso" continuava me incomodando.

Fizemos apenas mais um vídeo e percebi que não era aquilo; ainda faltava algo.

Énten
ner

da o
cado

O canal eagorah? me fez perceber o universo incrível que é o YouTube. Ele me mostrou que eu poderia brincar com a minha criatividade, que poderia ser quem eu quisesse e como eu quisesse, que poderia fazer tudo aquilo que eu fazia, mas do meu jeito, sem regras.

Decidi então pensar em como me destacar nesse novo mercado, que já tinha grandes nomes feitos. Fiquei cinco meses pesquisando, entendendo como funcionava o YouTube em outros países, que tipo de conteúdo era feito no Brasil e qual ainda tinha espaço pra crescer e se destacar — porque, afinal, não adianta fazer mais do mesmo.

Se você quer reconhecimento, precisa de um diferencial. Fazer o que os outros já fazem não vai te levar a ser grande.

Em agosto de 2013, nasceu o NomeGusta, o começo definitivo daquele sonho sobre o qual eu falei antes. Era uma mistura de linguagens que eu gostava de canais americanos, mas que ainda não tinha sido explorada no Brasil.

Use o seu conhecimento a seu favor!

Todo canal — ou pelo menos a maioria —, quando começa, não tem grandes produções, até porque o YouTube é uma ferramenta que permite a qualquer um produzir, seja com um celular ou uma câmera de cinema.

Eu foquei no que eu sabia fazer, naquilo para o qual vinha me preparando fazia anos, ainda que indiretamente, afinal eu não planejava estar no YouTube quando comecei a minha jornada. É como eu falei: prepare-se pra tudo o que pode acontecer no caminho, pois você vai encontrar atalhos, vias perigosas, lugares onde nunca pensou que poderia estar etc.

CONHECIMENTO + OPORTUNIDADE = SUCESSO

Saiba aproveitar as brechas do mercado. Não se guie só pelo que comprovadamente dá certo, pois essa é uma receita que a maioria das pessoas segue. Com isso, as suas chances de se destacar vão se reduzir muito.

Seja di
mas
vo

ferente,
seja
cê!

21

Ane Traba

não
lhar

Como eu já disse, o meu objetivo era que a frase "Trabalhe com o que ama e você nunca vai precisar trabalhar" se aplicasse à minha vida, e foi nisso que me foquei. Eu queria produzir algo que me fizesse feliz, que tivesse a minha cara e me desse tesão!

Claro que isso também deve ser dosado, pois eu trabalhava com o público, e o que o público gosta tem que ser muito mais importante do que aquilo que eu gosto. A mistura de vlog com cenas e um humor soft, sem muitos palavrões, foi o que fez do NomeGusta um canal querido, o que me deixa cada dia mais grato a todos vocês!

"O prazer no trabalho aperfeiçoa a obra."

Aristóteles

Quando você faz as coisas com amor, elas tomam forma e evoluem. Quando você faz por obrigação ou por dinheiro, na maioria das vezes elas não têm um rendimento muito bom. Concentre sua energia na sua felicidade. Se te faz feliz, você vai ser produtivo!

22

Criati ver produti

vidade
sus
vidade

A criatividade é uma das coisas mais malucas que eu já vi. Você está ali, num momento tranquilo, relaxado, quando de repente... PÁÁÁÁ! Uma ideia genial aparece do nada, seu cérebro constrói absolutamente tudo ali, junta todas as peças.

Podemos dizer, de forma bem superficial, que a criatividade é o oposto da produtividade. Criatividade não se mede, não existem parâmetros nem cálculos para entendê-la. Ela é incrível para desenvolver ideias, mas horrível para organizar prazos.

IDEIA

22

Equilí

brio

Quando se tem um ambiente de trabalho agradável e feliz, a criatividade flui! Quando digo "feliz", não quero dizer colorido, cheio de flores e com um Pikachu em cima da mesa. Tem pessoas que se sentem felizes numa sala toda preta, com uma caveira de enfeite. A felicidade é subjetiva!

O ambiente de trabalho é o que vai gerar esse equilíbrio. Não deixe que a responsabilidade dos prazos domine seus pensamentos. Você precisa deles pra ser criativo, não pra se preocupar com coisas futuras.

CONHECIMENTO
LIBERDADE
VIDA
MUNDO
ENERGIA

24

Fra

casse!

Um ponto fundamental para o seu sucesso é o seu fracasso!

Quando você se permite errar, amplia suas ideias. Não fique forçando para ter algo tão certeiro; brinque com as ideias antes de chegar à solução final.

O tempo é a matéria-prima da criação!

Uma coisa que percebi, e que mudou a minha rotina, foi a noção de tempo. Antes eu tinha bastante tempo livre para fazer o que quisesse, e esse "o que quisesse", no caso, era ficar assistindo a *Os Simpsons*. Depois que assume uma responsabilidade com a criação, você se vê obrigado a fazer a criatividade e a produtividade trabalharem juntas. Você percebe que a criação consome todos os recursos disponíveis: tempo, dinheiro, esforço, foco.

SUCESSO

Cano
cria

ser

tivo?

O processo até o domínio da criatividade é longo, ninguém consegue percorrê-lo da noite pro dia. Na verdade, não existe o "domínio da criatividade", existem truques, muitos que já falei aqui para desenvolvê-la. Tudo interfere, tudo influencia.

Durante muitos anos fiquei sem exercitar a criatividade, justamente por trabalhar num ambiente corporativo. Não havia necessidade de usar esse poder especial, mas criatividade é igual a andar de bicicleta: você cai às vezes, mas não esquece, e em pouco tempo já está "levando no grau".

Em cada fase da vida você é uma pessoa — não em personalidade, isso nunca muda. Você está em constante formação durante toda a sua vida, como afirma um psicólogo chamado Erik Erikson (nome legal, eu queria). O ser humano busca o aperfeiçoamento, queremos sempre o melhor. Pequenas mudanças de personalidade são possíveis, pontos que nos desagradam e caminhos que sentimos não serem de fato os nossos são passíveis de mudança.

Independentemente da fase da vida em que você esteja — infância, adolescência, idade adulta ou velhice —, sua criatividade pode sim ser ativada. Ela se adapta ao momento e à necessidade. Quando eu apresentei a peça *Dom Quixote* na escola, tive que usar a criatividade pra construir uma fantasia com papelão. Hoje, mais de dez anos depois, preciso usar a mesma criatividade pra fazer o roteiro, cenas e figurino para um vídeo que alcança milhões de pessoas. A responsabilidade ativa a criatividade, se aplicada de forma correta.

Se você está aí pensando: *Mas eu não preciso de criatividade no meu trabalho. Isso não me interessa. Dislike!*, entenda que a criatividade está em absolutamente tudo na vida. Ela não é usada apenas pra fazer um desenho ou escrever um roteiro. A gente precisa dela pra fazer uma surpresa pra namorada, pra seguir uma receita, pra comprar um presente e até pra responder àquela pergunta da prova que a gente nunca sabe, mas escreve um monte de coisas esperando acertar pelo menos uma linha e a professora dar nota pelo esforço — eu fiz muito isso!

B+

A criatividade evolui junto com você!

Verda
desa

de ou fio?

Com a criação do meu canal no YouTube, eu me senti obrigado a me desafiar em todos os sentidos que você imagina. Sempre fui tímido, e o desafio de trabalhar na frente da câmera me deixou com um medo que não cabia em mim — literalmente, porque eu corria pro banheiro antes de cada gravação.

Depois do roteiro escrito, liguei as luzes, a câmera, olhei pra lente e… travei! Pensei: *O que eu estou fazendo aqui, falando com uma câmera?* Nesse momento, todos os meus pensamentos e a minha confiança foram embora, e eu me senti um lixo incapaz. Não sei por que isso aconteceu, mas, conversando com amigos youtubers, descobri que rolou com quase todos.

A falta de confiança no início é normal, você está num novo ambiente, num novo universo, e ninguém começa sabendo tudo.

REC
ÉÉÉÉÉ...

27

O que im mesmo, é come

porta
no começo,
çar!

Diante desse meu medo, sem saber o que fazer, respirei, criei coragem e fiz! Nunca deixe que o medo te impeça de alcançar os seus sonhos. O seu maior inimigo sempre foi e sempre será você mesmo.

Entenda e aceite que, no começo, nada do que você fizer vai ficar fantástico, nada vai ficar incrível. Mesmo que ache incrível, quando olhar para aquilo anos depois, vai perceber como ficou ruim. A evolução é nítida em quem exercita e trabalha duro em algo!

Como se não fosse suficiente ter que superar esse medo, eu ainda tinha cenas para gravar, atuar, fazer personagens. A última vez que eu tinha feito isso tinha sido naquela peça… com treze anos!

Resolvi chamar dois amigos pra me ajudarem nas gravações. O primeiro foi o Rodrigo Carioca, amigo de anos que considero um irmão, e ele nem pensou… topou de primeira! O segundo foi o Kozera. Havíamos perdido contato quando eu tranquei a faculdade, ficamos quase três anos conversando à base de likes nas fotos do Facebook e comentários do tipo: "Quanto tempo, vamos marcar um café, mano".

Chamei o Kozera para aquele café, pois ele sempre esteve ao meu lado e era engraçado, e ele topou me ajudar no primeiro vídeo. Pronto, a minha primeira equipe estava formada!

As cenas eram bem curtas, eu nunca tinha estudado nada sobre cinema, humor ou montagem. Sempre me guiei pelo que eu assistia.

Se

vire!

Estude muito antes de começar algo, por cursos ou como autodidata. O importante é aprender!

Quando você aprende em cursos, sai condicionado a determinadas técnicas. Quando escolhe aprender sozinho e quebrar a cabeça pra alcançar o resultado, isso se torna um processo de aprendizagem maior. Claro, o tempo de um curso é bem reduzido, se comparado com o aprendizado autodidata, mas

quem tem pressa de aprender não aprende, decora.

A arte e a criatividade não podem ser decoradas, devem ser sentidas. Você precisa estar bem consigo mesmo e com o mundo pra explorá-las cem por cento.

Independentemente de cursos, a sua evolução é você quem faz. Quando falo em ser autodidata, não quero dizer "jamais faça cursos", e sim "não se limite a cursos". A sua dedicação é que vai construir o seu sucesso.

Quando começamos uma nova fase de aprendizagem, geralmente não sabemos nada do conteúdo, ficamos perdidos, sem saber o que fazer ao certo e, muitas vezes, desistimos no meio do caminho por insegurança. Mas, em alguns casos, a desistência vem por conhecermos melhor o tema e percebermos que não era exatamente aquilo que queríamos.

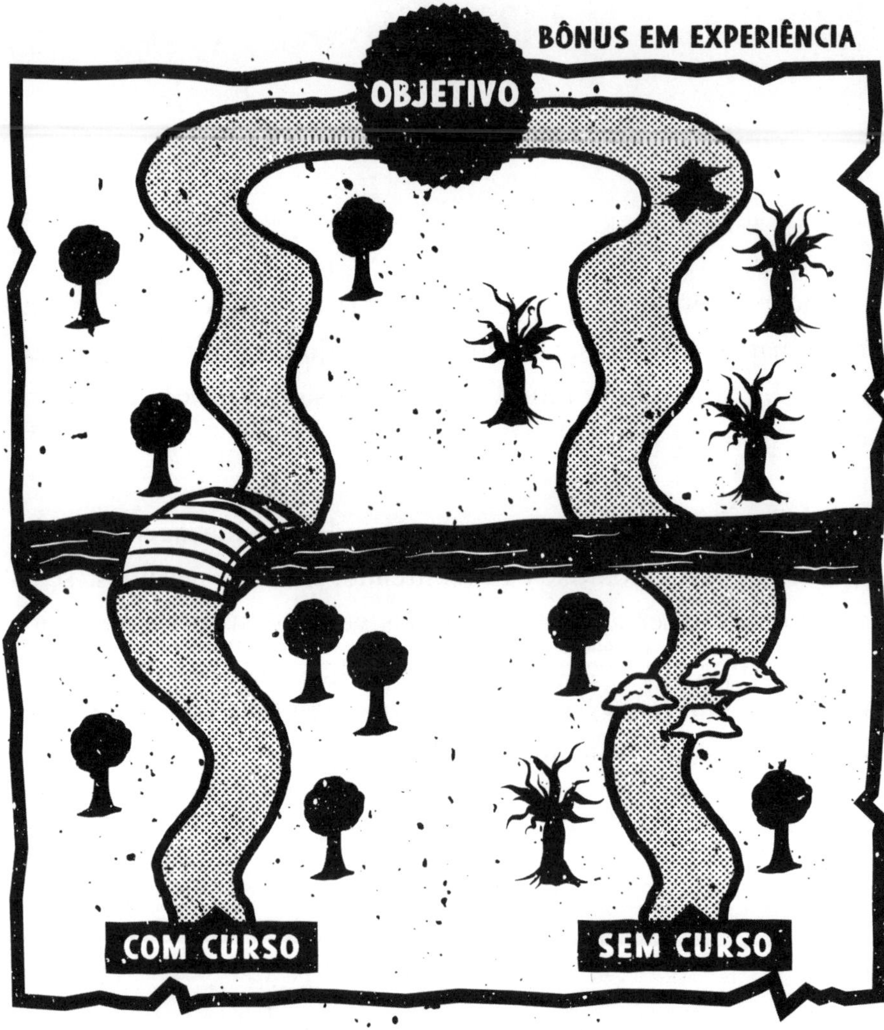
BÔNUS EM EXPERIÊNCIA
OBJETIVO
COM CURSO
SEM CURSO

29

Quem que seria mentiu

disse
fácil
pra você!

Depois de gravar o primeiro vídeo, editar e subir no YouTube como "privado", olhei pra tela do computador e pensei: *Talvez esse seja o começo de um grande sonho*. Até postei no Instagram!

Como eu precisava me divulgar, queria a opinião de alguém que já trabalhasse com isso, então mandei meu vídeo para o Felipe Castanhari, do canal Nostalgia, que na época tinha quatrocentos mil inscritos.

Eu estudei no mesmo colégio que o Castanhari e fiz faculdade com o irmão dele, mas nunca tínhamos conversado, só éramos amigos no Facebook. Perguntei o que ele achava do meu primeiro vídeo, se podia me dar uma opinião. Ele elogiou muito, compartilhou o vídeo no Twitter e... BOOM!

A aceitação do vídeo foi surreal. Meu computador, meu celular e meu tablet recebem notificação das redes sociais, e nesse momento rolou uma sinfonia de notificações. Tudo começou a apitar, e eu não estava entendendo o que tinha acontecido. Quem morreu???? Muitos youtubers grandes me mandaram mensagem, empresas me convidaram para entrar em networks etc. Sempre serei grato ao Fe pela ajuda!

Nessa onda de pessoas me elogiando, o Jovem Nerd e o Azaghal entraram em contato querendo conversar. Eles queriam me apresentar a nova network deles, e o que mais me deixou feliz de início foi que eles me procuraram pelo meu talento, afinal o canal era novo, não ia dar dinheiro pra ninguém ainda. Saber que pessoas incríveis estavam interessadas em algo que tinha acabado de começar me deu uma motivação gigantesca!

A vida recompensa de forma extraordinária quem se dedica a ela de forma extraordinária.

O canal tinha começado, e ali eu percebi que estava novamente no caminho certo, que deveria continuar nesse ritmo. Contando assim, parece que eu estalei os dedos e tudo mudou, mas o caminho foi bem mais longo do que parece, até eu ter certeza de que estava no caminho certo.

Proble

che

mas
gando!

O primeiro grande problema que enfrentei com o meu canal foi ter que escrever roteiro, atuar, dirigir e editar. Eu assumi todas as funções, e isso me sobrecarregava. Mas, se eu jogasse essas coisas nas mãos de outras pessoas, perderia minha linguagem, meu timing de edição, minhas brincadeiras!

Eu levava de dois a quatro dias pra escrever um roteiro, já que você precisa estar inspirado e bem pra criatividade fluir, e os roteiros sempre pedem uma amarração, um plot twist (uma reviravolta) no final. Eu não conseguia forçar minha cabeça a ser criativa, ia no tempo dela! Com mais três dias pra gravar e dois pra editar, os vídeos demoravam mais de uma semana pra sair. Com isso, o canal não tinha um engajamento muito alto, já que a frequência é fundamental na hora de produzir conteúdo pra internet.

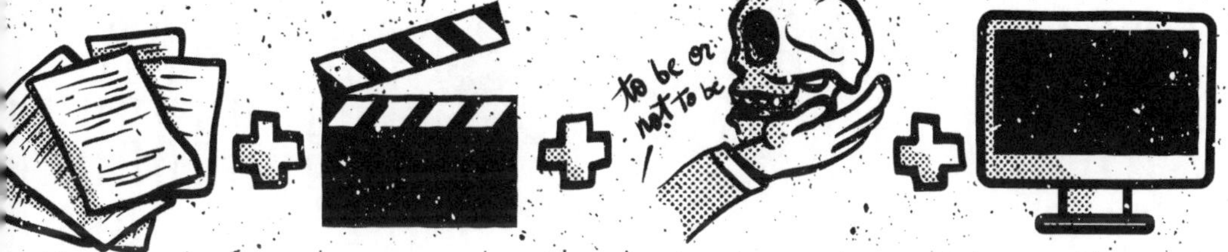

Mais um problema chegando! O Carioca voltou a trabalhar e não poderia mais me ajudar. Uns dois ou três vídeos depois de lançar o canal, tive que procurar outra pessoa pra entrar na equipe, então chamei o Fabio, o guitarrista de uma das bandas para as quais fiz clipe, que queria entrar no mundo do audiovisual.

AAAAAAAAAAAAAAAAAAAAAAAAAAAAAAAAAAAAAAAAAAAAAHHHHHHHHHHHHHHHHHHHHHHHHHHHHHHHHHHHHHHHHHHHHHHHHHHHHHHHHHHHHHHHHHHHHHHHHHHHHH!!!

Mantivemos o canal assim: eu e dois amigos me ajudando a produzir. Com o passar dos meses e o crescimento do canal, fui ganhando novas responsabilidades. Se eu já era um pouco louco, agora estava completamente! Quando você começa um projeto e quer que ele seja grande, não pensa apenas no básico. Você quer que grandes marcas e empresas vejam o seu conteúdo, e isso começou a acontecer: as empresas começaram a olhar o NomeGusta como um canal viável comercialmente. Mais um passo dado!

31 Ven

da-se!

Entender o mercado é megaimportante! Saiba o que as empresas buscam, construa a sua imagem para alcançar as marcas que você gostaria de trabalhar.

Pensando no lado financeiro, a parte comercial é a mais importante — é daí que vai vir o seu sustento.

Monte um plano comercial, liste empresas que você quer trabalhar, conheça agências de publicidade, busque as pessoas certas! Criar um media kit é o ponto inicial. Esse material lista quem você é, o que faz, seus números, quanto você está crescendo, tudo!

Tenha todas as suas redes sociais alimentadas com o seu material. Se você é médico, poste no Instagram dicas de saúde. Se é professor, poste no Twitter interações com os seus alunos. Se é ilustrador, use o Facebook para divulgar sua arte. Enfim, todas as suas redes devem ser abastecidas de material, porque interagir com o seu público é de suma importância. Mas cuidado! MUITO cuidado mesmo! Tudo o que é demais uma hora satura! Saiba trabalhar isso, poste com calma, não inunde o chat do Facebook dos seus amigos pedindo pra eles verem o seu vídeo ou curtirem a sua página. Isso não é nada legal, mesmo!

Troco likes S.D.V.

32

Pare de escute. As sai ga

falar e
vezes, você
nhando

Um dos grandes conflitos que enfrentei com o meu canal foram os haters. Lembro até hoje: quatro meses depois que eu criei o canal, um cara comentou num vídeo meu:

Quando li isso, criei coragem. A mensagem me motivou! Eu precisava mostrar, pra ele e pra mim, que eu era capaz de chegar muito longe, que eu podia conquistar coisas muito grandes com esse meu jeito "ridículo".

Posso dizer que graças a um hater eu chego cada vez mais longe, graças a ele eu me motivei a seguir firme, pois é normal pensar em desistir várias vezes durante a jornada.

A jornada é longa, mas no final vale a pena!

Desse dia em diante, passei a ouvir mais o meu público. Em quatro meses de vida, o canal já tinha cem mil inscritos, um número relativamente pequeno perto do que é o YouTube. Mas pra mim era surreal saber que todas essas pessoas me conheciam, me amando ou odiando!

Saber ouvir é um dom, saber aprender até com o ódio também. Mesmo que alguém te odeie e te diga coisas ruins, vale a pena tentar entender o que levou a pessoa a isso, se foi inveja ou se realmente algum conteúdo não agradou e, se não agradou… por quê? É preciso mudar algo?

Seu público é quem vai ditar o seu sucesso. Se você não olhar pra ele, não terá público. Por isso, ouça as pessoas, saiba que o que elas dizem tem valor, aprenda a escutar mais que falar. Isso te levará cada dia mais pra cima.

Meses depois que o Fabio entrou para a equipe do canal, percebemos que precisaríamos de mais uma pessoa pra ajudar na produção. Eu ainda dava uma mão, arrumando luz, tripé etc. Quando ia gravar a cena… já estava todo suado.

Então o Fabio indicou um amigo dele, o Rick, que entrou pro time. Trabalhamos alguns meses e o Rick recebeu uma proposta pra ser fotógrafo, e aceitou! Um ponto importante: nenhum de nós ganhava dinheiro com os vídeos. O NomeGusta não gerava renda nenhuma, a gente fazia por puro prazer e por acreditar muito nesse sonho, por isso entendi a saída do Rick. O Fabio também saiu, pouco tempo depois. Eu não poderia segurar os meninos, não tinha dinheiro!

Meses depois, corri atrás de outra pessoa pra equipe. Perguntei no meu Twitter (@gustastockler, segue lá) se alguém podia me mandar portfólio, e o Gustavo mandou o material dele. Não eu, outro Gustavo — se fosse eu, seria algo meio esquizofrênico! Curiosamente, estudamos na mesma faculdade, a diferença foi que ele terminou!

Fizemos uma reunião e pronto, a equipe estava finalmente completa, ou quase. Eu, o Kozera e o Gustavo fazíamos os vídeos como dava, ainda suando, ainda cansados, mas as coisas estavam caminhando.

Quase um ano depois, o Rick disse que queria sair da empresa onde estava, que não lhe fazia mais bem. Como o canal já gerava uma renda — não alta, mas que me permitia pagar a equipe —, fiz uma proposta e ele topou. Pronto, agora sim… equipe finalmente completa, ou quase!

A UNIÃO FAZ TODA A DIFERENÇA

33

Con poderes gran responsa

grandes
vêm
des
bilidades

Você percebe que as coisas começam a dar certo depois de muito batalhar por elas. Foram dois anos lutando pra produzir um conteúdo diferenciado e bem-feito, que atraísse o público e os anunciantes. Eu tinha uma equipe de amigos, tinha equipamentos de cinema, mas tinha um problema…

O sonho de muitas pessoas hoje em dia é a fama. Muitos começam projetos já pensando nela e tendo a fama como objetivo. O sucesso no trabalho é fundamental pra nossa qualidade de vida, mas a fama que o acompanha não traz felicidade!

A fama traz aplausos, não alegria!

A fama muitas vezes é uma armadilha pra felicidade. Ela destrói a simplicidade, expõe completamente a sua privacidade e te torna uma pessoa que você não queria ser. Muitos artistas são tristes e deprimidos por causa disso.

A fama nunca será algo bom!

Por isso eu nunca liguei pra ela. Eu sempre aceitei, pois faz parte do meu trabalho, mas o sucesso e o reconhecimento são muito mais valiosos. O carinho que as pessoas têm pelo seu trabalho e a forma como você se sente grato por elas são algo de muito mais valor.

Nunca comece um projeto com o objetivo de alcançar a fama, pois ele não vai dar certo! Ou talvez até dê pelo seu esforço, mas, quando você conseguir o que quer, vai perceber que foi a pior escolha da sua vida. A fama é solitária!

34
Encon
o

tre
erro!

Depois de alguns anos produzindo os vídeos do meu canal, vi que isso havia se tornado um trabalho, coisa que eu nunca quis pra mim. Várias pessoas passaram pela equipe, fiz muitas mudanças de equipamento e de linguagem, e isso foi se tornando mais um trabalho, cansativo como qualquer outro.

Quando você deixa de ter prazer com o que faz, para de ser produtivo e começa a deixar de lado as coisas simples e importantes da vida, pra dar prioridade ao estresse.

Se isso acontecer,

pare tudo o que está fazendo e corrija imediatamente,

pois você pegou o caminho errado na bifurcação. É tipo o Jogo da Vida… volte três casas, regredir nem sempre é ruim. :)

O canal estava crescendo cada vez mais, conseguindo trezentos mil novos inscritos a cada mês. Era demais!

Mas com o crescimento vêm as responsabilidades. Cuidar do roteiro, atuar, dirigir, editar, negociar comerciais, eventos etc. tomava vinte e quatro horas do meu dia. Eu não tinha mais vida social, o estresse bateu, as crises de ansiedade também. Fazer vídeos se tornou um desgosto, não era mais algo que me trazia felicidade.

Tive que reunir toda a equipe e, de vez, abrir mão do meu apego!

Desa

pegue!

Sabemos desde a época da escola que trabalhar em grupo é muito mais produtivo e legal, mas isso sempre foi um problema pra mim!

Como tinha pouco amigos, eu sempre trabalhei muito sozinho. Não que isso fosse bom, mas assim eu me sentia mais confiante pra deixar as coisas do jeito que eu queria. Até o dia em que isso se tornou um problema maior do que eu pretendia: eu deixei de viver!

Sou jovem e não conseguia aproveitar a vida. Tudo era trabalho, eu não tinha tempo pra nada, faltava planejamento e desapego do meu material.

As duas tarefas que mais me tomavam tempo, e às quais eu mais tinha apego, eram roteiro e edição. Isso era a alma do vídeo, era eu ali, mas eu precisava de pessoas que entendessem a minha cabeça, que me ajudassem a pensar melhor. Eu tinha que ir treinando a equipe aos poucos pra conseguir fazer como eu.

Pra isso, chamei o Xopper — sim, o amigo que me convidou pra fazer o meu primeiro clipe, que depois me chamou pra criar um canal no YouTube e que agora se tornaria o meu editor de vídeos. Passei a responsabilidade da edição pra ele, mas até hoje tenho a aprovação final e peço todas as alterações possíveis.

É impossível alguém fazer exatamente como você. Pessoas são diferentes, e isso é ótimo!

A questão do roteiro foi solucionada com uma "reunião de roteiro": eu reúno todos os meninos, dou o tema e fazemos um gigantesco brainstorming. Vale falar absolutamente tudo o que vier à cabeça, e a partir disso eu monto o roteiro. Muito mais simples e fácil. O que antes eu levava dois ou três dias pra fazer, hoje fazemos em três ou quatro horas.

Jordan nunca esteve tão certo! Na verdade já esteve, mas essa cabe melhor aqui.

ETAPAS PARA CRIAÇÃO DE UM VÍDEO
(E O PORQUÊ DE SE PRECISAR DE UMA EQUIPE)

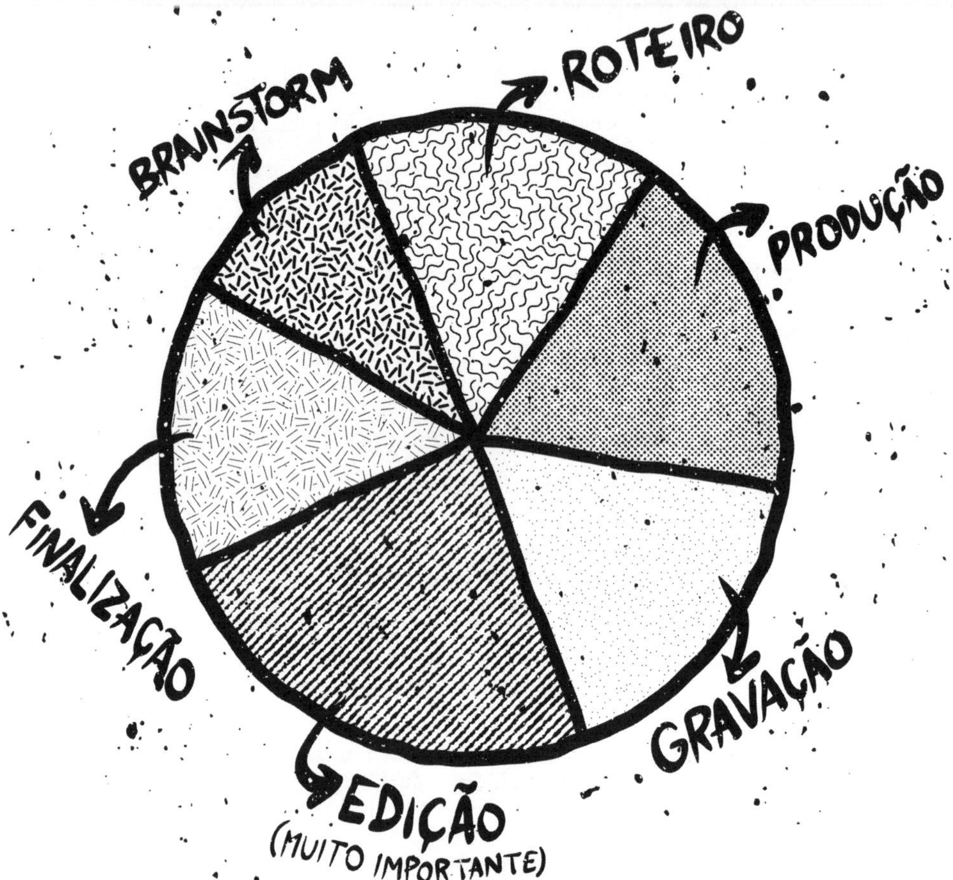

Delegar funções e desapegar é muito importante. Quando digo "muito", é muito *mesmo*! Foi isso que fez o meu trabalho mudar, que me fez voltar a sentir prazer e felicidade produzindo. Na real, não foi de fato um desapego, pois ainda estou presente. Eu apenas abri mão de conviver vinte e quatro horas por dia com aquilo pra conviver só às vezes. É tipo um filho quando se casa: a mãe não deixa de vê-lo, mas agora tem tempo pra assistir à novela e não fica mais lavando a louça suja que ele deixa na pia!

"O talento vence jogos, mas só o trabalho em equipe ganha campeonatos."

Michael Jordan

O gran
se

de
gredo

Embora você tenha, talvez, comprado este livro pela capa, ou ficado curioso/curiosa para entender o segredo deste diário, serei direto: como eu já disse no início, coisas secretas nem sempre são secretas, às vezes estão apenas escondidas ou esquecidas lá no fundo.

Depois de entender que a inocência de uma criança é necessária em todas as fases da vida, que todos que passam pela sua vida são necessários para sua evolução e que para tudo existe um processo que você precisa entender e aprender, desde falta de criatividade até crises existenciais, deixo pra você me dizer:

Qual o seu grande segredo?

Cada um, dentro de si, possui segredos que não precisam ser ditos, mas prioritariamente nunca esquecidos; são a nossa essência, o que nos torna únicos.

"O segredo são como as flores, fechadas na maior parte do tempo, e só se abrem quando têm a certeza de que serão as melhores e mais belas."

Gusta Stockler

(agora eu sou autor e posso fazer frases e ser citado por aí!)

Nesse momento, quando descobri o grande segredo, eu percebi que estava indo pelo caminho certo, que a minha jornada estava acontecendo. Pensei que levaria anos-luz para chegar a "Nem Tão Distante", mas na verdade era logo ali. Claro que o tempo quem vai ditar é cada um. Você pode se perder, pode escorregar, mas vai chegar lá.

O grande sentido da jornada não é o tempo que leva para percorrê-la; é a viagem, é tudo o que você passou pra chegar até ali, todas as pessoas que você conheceu e que estiveram ao seu lado, tudo o que você aprendeu. Eu não digo que foi ou que está sendo fácil, mas digo que é gratificante ver que todo o meu esforço resultou em algo bom, que dá motivos pras pessoas sorrirem.

Olhar pra trás e ver como tudo se encaixa, que todas as pessoas que estão comigo hoje fizeram parte do meu passado, e que o meu passado foi fundamental pra eu me tornar a pessoa que sou hoje, que consegui tirar um aprendizado de tudo isso e seguir pelos caminhos que sonhei... Essa é a melhor coisa. Por mais que isso tudo pareça um livro de autoajuda, sabemos que só existe um ÚNICO segredo pra conseguir chegar aonde você quiser!

"Me descobri como a melhor mudança que nunca imaginei ser para a minha própria história."

Matheus Rocha,
da página Neologismo

Mas existe um lado ruim...

Quando cheguei a Nem Tão Distante, percebi que era só um planeta no meio de uma galáxia, e que eu precisava conhecer tudo ainda!

Até a próxima jornada :)

Acredite em você!